Nos combats

Nos combats

Calixte Hulaux

Édition : BoD · Books on Demand GmbH, In de Tarpen 42,
22848 Norderstedt (Allemagne)
Impression : Libri Plureos GmbH, Friedensallee 273,
22763 Hamburg (Allemagne)

ISBN : 978-2-3225-5878-0
Dépôt légal : Novembre 2024

Pour Many

Il fait un peu gris

Dans ta tête, rarement la tempête,
Mais jamais l'accalmie.

T'es entre les deux, comme une saison pluvieuse,
Un peu triste, jamais heureuse.
Alors, pour faire passer la pluie, t'aimerais pleurer
un bon coup,
Sortir toutes les larmes de ton corps,
Mais rien à faire, rien n'en sort.
T'aimerais ressentir de la colère, même de la rage,
Mais rien ne bouge, dans ton ciel, jamais d'orage.

Tu te dis que c'est compliqué de traverser la vie,
Sans devenir cynique ou désabusé,
De ne pas finir dans un état clinique,
Complètement dépassé,
Par les évènements, les drames, les gens,
Les constats d'échecs d'une humanité qui se fout
en l'air,
Et qui fait de cette planète un véritable enfer.
Compliqué de trouver de l'espoir, un sens,

D'y croire encore quand tout ce que tu vois,
Ce sont des mesures qui vont à contresens.

Mais bref, toi, t'as arrêté de chercher,
La marche à suivre, le sens, le lien,
Parce que ton putain de combat quotidien,
C'est déjà d'essayer de te lever le matin.

Promis, après celle-là j'arrête

C'est la dernière. Ouais je sais, des dernières il y en a eu plus d'une fois, mais là crois-moi, j'ai plus le choix, je tousse, j'me crashe, je marche plus droit, puis ça m'coûte un bras de m'enfiler toutes ces merdes-là.

Et tu sais quoi ? J'crois que j'aime plus ça, ça me dégoûte même, je ne supporte plus ni la couleur, ni le goût, ni l'odeur.
C'est juste que ça me fait peur.
Sans ça, de devoir affronter le quotidien et ses horreurs, de marcher sans la béquille, de rouler sans le moteur.

C'est ma routine, mon réconfort d'un dur labeur, c'est ce qui fait battre mon cœur, mais promis, après celle-là j'arrête, parce que sur la longueur, j'ai bien peur que ça devienne la raison de mes dernières heures.

Ce n'est pas grave

T'as fait des erreurs, t'as pas trouvé les mots justes,
Probablement pas à la hauteur, en plus t'as loupé
le bus.
Qu'importe.

T'as encore pensé à lui, alors qu'il ne le mérite pas,
T'as encore beaucoup trop dit oui, alors que tu ne
voulais pas.
Mais ça ira.

T'as pas fait ton sport, t'as pas mangé sain,
T'as pas assez lu, assez bu, assez vu les copains.
Ça ne fait rien.

Aujourd'hui, tu n'as pas été parfaite, la meilleure
dans ton domaine,
Tu n'as pas sauvé la planète, pour le prix Nobel
t'es à la traîne.
Tant pis.

T'as échoué, t'as foiré, t'as loupé, ça arrive et c'est
ok.
C'est humain, pour réessayer, il te reste un bon
paquet de lendemains.

Encore une pilule

À avaler, une piqûre à s'injecter,
Chaque matin, tous les soirs, tous les jours.
Pour retarder ces symptômes qui te collent à la peau,
Retrouver pour quelques heures, juste un peu de repos.

T'as grandi avec, alors maintenant tu connais bien la danse. Tes journées sous ordonnance, pour dompter ce corps qui se rebelle.
Qui se fait la belle, qui parfois, te fait de la peine.

Habitué des blouses blanches, de ces prises, des ambulances au pire de tes crises, tu es étiqueté, chronique, de ce mal qui lui, ne s'est jamais habitué à toi.
Comique.

Alors tu fais avec, pas le choix, le remède miracle, tu sais bien que tu ne le verras pas.
T'espères juste aller au bout du spectacle.

Elle est fâchée avec l'amour

Faut dire qu'elle a tout donné,
Son cœur, son intime, elle s'est enchainée,
Pour ne pas recevoir grand-chose en retour.

Et même si parfois, elle danse avec les regards et
recommence à y croire,
Au fond elle sait,
C'est toujours la même histoire.
Toujours le cœur qui chavire et ça finit en
naufrage.

On ne change rien au scénario, on échange que
les acteurs.
On en choisit un blond, un grand, un beau et on
essaie d'oublier nos peurs.

Elle connaît tout ça, alors l'amour, elle préfère
l'écouter en chanson, l'observer sur pellicule,
l'injecter dans l'écriture.
Trop de ruptures avec le grand, l'amour,
maintenant elle préfère le partager avec les siens,

Sa famille, ses potes,
Ou même son chien.

« Merci pour ce week-end... »

T'aimerais élaborer, lui avouer que tu voudrais la revoir, mais tu lui dis simplement ces quelques mots puis tu repars sans t'émouvoir.
La suite ? Tu ne veux pas y penser, au fond le futur n'est qu'une répétition du passé, et ce dernier tu ne l'as pas encore assez pansé.
Tu connais les nuits écourtées, les messages sans réponse, l'amour sans réciprocité. Tu connais bien tout ça, alors tu poses une main sur ta poitrine pour calmer ton arythmie puis t'abandonnes l'espoir à son agonie.

« Bon, voilà, c'était juste pour te dire que j'aurais aimé avoir de tes nouvelles. Réponds-moi quand tu auras le temps. »

Soudé avant, soûlé maintenant, t'as délaissé tes amitiés. Tu mets la faute sur la distance, le temps, la vie, des choses abstraites, ça t'évite de culpabiliser et de remettre en question tes failles concrètes.

Procrastinateur du sentiment, aujourd'hui t'as pas l'temps de leur dire que tu les aimes, mais demain peut-être tu prendras rendez-vous avec ta tête pour enfin sortir ton cœur de sa retraite.

« Donc je suis juste bonne à baiser puis ciao, c'est ça ? »

C'est ça chérie, moi j'disparais comme les autres l'ont fait avec moi. J'connais l'deal, le début du couplet mais surtout la fin de l'idylle donc si t'es mon type, j'te swipe, mais si t'espères faire de moi ton ex, j'te next.
C'est simple, j'te baise pour éviter de me faire baiser, cherche pas l'compliqué, tu pourras jamais me la faire à l'envers, de toute manière, j'ai plus l'cœur à l'endroit.

Génération ghostée,
Hantés par des amours imprécis, on s'éloigne pour éviter nos sentiments indécis.
Délaissés, l'ego blessé, embargo sur notre passé, on se rencontre sans se voir, sans se rendre compte qu'on a tous la même histoire.

« Cet utilisateur vous a bloqué, vous ne pouvez plus correspondre avec lui. »

Aujourd'hui, tout va bien

Demain, j'en suis pas sûr.
Aujourd'hui, je suis au top, de ma forme, de mon art, demain, je ferai sûrement un flop, pas en forme, en retard.
Sur tous mes projets, aujourd'hui je vise les étoiles,
Demain, le projet, ça sera surtout d'essayer de pas m'jeter dans le canal.
J'exagère un peu l'idée, mais faut que tu comprennes, que si aujourd'hui je suis bien sapé, bien coiffé, bien rasé,
Demain faut que je te l'avoue, ça ne sera pas ma priorité.

Alors oui, aujourd'hui tout va bien,
Mais demain, j'essaierai de survivre, de pas sombrer complètement, demain j'essaierai de sourire, de combattre ma dépression secrètement.

Aujourd'hui mon jardin a plutôt belle gueule,

Mais demain, l'herbe sera certainement plus verte ailleurs.

Aujourd'hui tu m'aimes parce que tu m'admires, ouais, merci, mais aujourd'hui c'est facile,

Du coup, je te pose la question, demain, tu seras où ?

Tu rentres quand ?

Pas de réponse, ça fait cinq heures.
C'est pas nouveau et pourtant, elle en a toujours
mal au cœur.

Elle reste parce qu'il y a les habitudes, et encore
un peu d'amour,
Puis des excuses aussi, parfois sincères dans ses
beaux discours.

Mais le temps passe et ça lui pèse de vivre seule
cette relation.
D'attendre des messages qui ne viennent jamais,
Et de ne ressentir que d'la tristesse ou d'la colère,
au lieu de l'aimer.

En y réfléchissant, même les souvenirs sucrés de
leurs débuts, ont désormais un goût amer.
Alors elle l'attend, mais elle le sait maintenant,
qu'au fond,
Leur histoire a déjà dépassé la date de péremption.

Et ça nous hante

Ces dos que l'on suit du regard, ce parfum dans
le métro, ces rires qui nous font tourner la tête,
ces recherches sur les réseaux.
Ces photos qui reprennent vie, ces messages que
l'on efface, ces rêves qui parasitent nos nuits, ces
sentiments qui n'ont plus leur place.

C'est tout ce qu'il reste de nos histoires,
Des fantômes en désamour.

Tu as toujours eu peur de déranger

D'être maladroite, de rire trop fort,
De paraître bête, de trop parler.

Parce que tu as entendu bien trop souvent le mot
« trop » à ton égard, tu as cherché à t'effacer,
À limer tous tes mauvais côtés pour ne plus les
froisser,
À découper toutes les parties de toi qui
dépassaient.
En tant pis si tu as dû finir écorchée.

Mais aujourd'hui, tu en as marre de t'excuser pour
ce que tu es.
Parce que tu le sais maintenant, qu'il y a des
personnes autour de toi qui n'attendent que ça
que tu les déranges.
Qui l'aiment ton rire sonore et qui rient avec toi,
et non de toi, quand tu es bête et maladroite.

Tu le sais ça, alors tu réapprends à être de trop,
parce que pour eux,

Ils n'en ont jamais assez de toi.

C'est le combat silencieux

Des gens normaux,
Des médiocres et des pas beaux.
Loin des podiums, des projecteurs,
Pour rester à niveau, à moins d'une longueur.

C'est le quotidien des sans-le-sou,
Mais qui donnent tout, pour rester debout.
C'est l'effort permanent des sans-talents,
Parce qu'au bout de la course ils seront devant,
Et tant pis pour les génies bâillants.

C'est le combat silencieux,
De ceux qui n'ont plus rien à dire,
Mais tout un monde à refaire,
Encore une montagne à gravir,
Pour s'échapper de l'enfer.

C'est cette bataille qui ne laisse aucune trace,
Jamais perçue dans le regard.
C'est le combat de celui d'en face,
Dans la rue, dans le miroir.

Notes pour trop tard

Ok, je sais qu'à ton âge, tu n'as pas envie d'écouter les grands, parce que leurs conseils ne servent à rien, parce qu'ils ne font que dire que ça ira mieux avec le temps.

Et c'est vrai, mais là le temps, toi, tu t'en fous, tu penses surtout à passer ta journée sans prendre trop de coups, survivre à cet enfer, c'est ça l'important.

J'vais pas te mentir, ça va durer encore un moment, t'auras beau raser les murs, rire avec eux de leurs insultes, t'humilier, ils trouveront toujours ça marrant.

Ta puberté, tu peux l'attendre longtemps, crois-moi. J'ai eu de la barbe à trente ans. Puis tous tes problèmes ne vont pas se régler en grandissant.

En attendant, apprends à te défendre, parce qu'ils ne comprennent que par la violence, parce qu'ils te respecteront seulement s'il y a un risque pour eux de perdre leurs dents.

Et apprends à faire confiance à quelques adultes. Dans le tas, il y a forcément quelqu'un qui tient à toi et qui fera le nécessaire pour te sortir de là. Ils ne sont pas tous incompétents.

Puis au lycée, ça ira mieux. Loin de ces cons, tu te feras des potes, et je sais que pour l'instant tu n'y crois pas trop, mais il y aura même des filles pour s'intéresser à toï, alors tiens bon, tu seras en meilleure compagnie dans pas longtemps.

Quand tu seras plus grand, tu vas sans doute passer à côté de certains moments, parce que t'as appris à te méfier des projecteurs, sortir de l'ombre c'est risquer de te prendre des jugements, mais c'est pas grave, prends ton temps, il y aura toujours des gens pour t'accueillir quand t'auras dépassé tes peurs.

T'auras toujours de la colère en toi, un sentiment d'injustice.

Sers-t'en pour aider les autres, que ce soit en actes ou en mots, ça t'aidera un peu à faire taire tes pensées autodestructrices.

Répandre de l'amour, en réponse à ce tu as vécu, ça doit être ça ta ligne directrice.

HEY !

Oh pardon, je t'ai surpris ? Quoi ? Tu pensais réellement pouvoir me fuir ? Mettre de la distance pour ne plus souffrir ?
Vraiment ? Arrête de me faire rire.
Ah, je te vois venir, tu croyais que le déguisement allait suffire. Mais t'as beau te cacher derrière ton plus beau sourire, ça n'effacera jamais tes plus mauvais souvenirs.

Arrête de courir va, je serai toujours là, avec toi, j'ai eu le temps de tisser le fil de tes pensées pour te rendre captif de ma réalité.
Quoi, je te fatigue ? Essaie de dormir tiens, mais je te préviens, même avec les yeux fermés, je serai toujours ton pire cauchemar.
Attends, arrête de pleurnicher. Tu les sens derrière toi à te regarder ? On te juge, on se moque de toi.
Allez, laisse-moi toutes tes insécurités, je vais en prendre soin, crois-moi…
Voilà, enfin seuls toi et moi. Enfin seuls…

Et ton monstre à toi ?

Il te dit quoi ? Il te dit aussi que tu ne mérites pas ?
Que tu ne vas jamais y arriver et que ce n'est
même pas la peine d'essayer ?
Est-ce qu'il te fait croire à toi aussi, que tu ne
pourras pas être aimé et respecté ?

Est-ce qu'il te rappelle avant de t'endormir, tes
pires cauchemars ? Tes pires craintes, tes pires
histoires ?

Et ton monstre ?
Il ressemble à quoi ? Il a un visage ? Un nom ?
Une voix ?
D'ailleurs le tien, il est apparu comment ?
Est-ce qu'il te rappelle quelqu'un, à te rabaisser
constamment ?
Est-ce qu'il a été nourri par une personne en
particulier ?
Nourri à coups d'injures et de mépris, par
quelqu'un censé t'aimer ?

Moi le mien, de monstre, je crois bien que c'est toi, il a tes mots et ton regard.

Et chaque jour qui passe est un combat pour essayer de t'oublier.

Ok, écoute-moi, j'ai un plan

On partira ce soir. On attendra que le soleil se couche pour se mêler aux étoiles. Avec son regard noir, il ne pourra plus nous voir. On ne lui laissera que nos ombres, de toute manière, il n'a jamais su faire la différence.

L'obscurité nous protégera. Et quand le soleil se lèvera demain, on n'aura plus besoin de se cacher. Fini de tourner les clés dans les verrous, fini le dessous du lit, l'attente qu'il se décolère, le dernier verre, le dernier coup, fini les « désolé » et les « j'ai changé ».

Fini tout ça.

Je ne veux pas finir dans les faits divers.

Pas être « une de plus » à rajouter aux statistiques morbides, avec un enfant dans l'équation.

Alors à partir de maintenant, on va traverser la vie à pleine vitesse avec nos ailes retrouvées, parce que je n'en peux plus d'être jetée au sol, moi et ma dignité brisée.

Regarde-moi, non ne t'occupe pas du sang, regarde mes yeux, tu le vois mon amour pour toi dans mon regard ? Oui ? Alors c'est tout ce qui compte. C'est grâce à ça qu'on mettra du vent dans nos voiles, qu'on ira voir ce que le monde a à nous offrir, qu'on ira au-dessus des gratte-ciels, et par-delà les mers, tout au bout du monde.

Là-bas, hors de sa portée, on retrouvera notre liberté.

Ce soir, toi et moi, on va s'envoler.

« C'est une fille ! »

Tu n'as même pas eu le temps de prendre ta première respiration que c'était déjà décidé.

Ils attendaient tous ta venue pour choisir la couleur de ta chambre, de tes draps, de tes jouets, de ton existence.

Puis au moins maintenant ta mère pourra se faire aider, parce que tu comprends, tu as déjà trois grands frères qui courent partout dans la maison. Toi au moins tu seras calme et faute de pouvoir déjà t'exprimer, ils agenceront ta personnalité sans ton consentement.

Plus grande, tu essaieras bien de leur faire comprendre. Que de s'entraîner à manier l'épée pour chasser des dragons plutôt que de ranger la vaisselle de ta dinette, ne fait pas de toi un garçon manqué, mais simplement une fille réussie.

Mais ils te trouveront bizarre, asociale, pas comme les autres petites filles, on t'emmènera même chez des spécialistes pour corriger ce qui cloche chez toi.

Ado, tu seras rebelle, bien sûr. Ils ne t'ont pas laissé le choix. Tu traîneras avec ta bande de potes et tu essayeras de te cacher sous des pulls XXL de ces regards qui te dérangent. T'emmerderas le système, ses attentes et ses injonctions. Habillée tout en noir, t'emmerderas leur couleur démodée.

Plus tard, tu deviendras belle. C'est bien. Apparemment c'est l'essentiel. Tant pis pour tes études, tant pis pour tes titres et tes victoires. On t'invitera pour ce que tu représentes, jamais pour toi.
Même celles et ceux qui, de bonne volonté, seront dans ton camp, s'obstineront à te faire rentrer dans une case que tu n'as jamais aimée. Toi tu seras juste fatiguée, de devoir toujours tout leur expliquer.

Alors, enfin, les rides viendront, malgré toutes les crèmes qu'on essaiera de te vendre, parce que oui, si les jeunes femmes sont des femmes, les vieilles femmes sont des vieilles. C'est comme ça.
On t'enlèvera ta féminité, parce qu'il sera trop tard. Et là, plus de couvertures de magazines, plus

de films, plus de musiques, plus de couleurs, plus rien. On te dira que tu as fait ton job, on te remerciera, puis on te laissera seule dans ta grisaille.

Voilà, tu viens de naître que déjà tous les regards sont tournés vers toi.

« Bienvenue au monde, ma belle. » Qu'ils te disent, extatiques devant ta beauté figée pendant que toi tu lèves déjà péniblement ton minuscule majeur contre ce monde-là et sa fatalité.

Dans leur no woman's land

Ta présence les dérange.
Ils réalisent bien que tu ne te comportes plus
comme ça les arrange.
Ils légitimiseront leur violence pour un bout de
tissu,
Ou pour quelques centimètres de peau apparente,
Tout ça pour protéger leur ego déchu,
Eux ne sont jamais le problème, apparemment.

Ils s'accaparent la rue, s'approprient la nuit,
Monopolisent l'espace public,
Mais toi, tu n'en peux plus du diktat d'la femme
pudique,
Et t'aimerais bien goûter la vie après minuit.

Alors tu reprends la rue, elle est à toi,
Ton envie de liberté guide tes pas.
Tu reprends la nuit, elle est pour toi,
Dans l'ombre, Vénus t'attend déjà.

Regarde à gauche, regarde à droite

Parce que la route est longue et détraquée.
L'avenir appartient à ceux qui ont encore la force
de se lever.
Parce qu'à force de louper le destin,
Toi t'as perdu l'espoir de choper le prochain train.

Allez, lève-toi, t'as du boulot à terminer, des gens
à aimer, ton sport à faire pour tes kilos à perdre et
n'oublie pas de sourire aux opportunités.
Rentre pas trop tard, fais-toi à manger, d'ailleurs,
les courses, t'y as pensé ? Et à chercher le gamin ?
Et à payer le loyer ? Hé l'écrivain, tu l'as fini ton
bouquin ? T'as dit bonjour aux voisins ? T'as
appelé le frangin ? Tu t'es occupé du chien ? T'as
aimé ton prochain ?! Et ce monde en déclin, t'y as
pensé HEIN ?! Faudrait s'en occuper, et pas
demain.

Regarde à gauche, regarde à droite, regarde tout
droit.

Paraît que les sprinteurs terminent leur course en
apnée. Pour la vitesse, y'a pas de secret.
Et toi, t'attends encore à ton arrêt et tu demandes
pourquoi,
Tout autour de toi, le reste du monde est
essoufflé.

Tu le vois là ?

Le point lumineux juste au-dessus du clocher ? C'est Vénus qui brille déjà avant la nuit.

Pour être honnête, toi, les étoiles tu t'en fous, tu viens de poster une photo de toi et t'espères bien décrocher la lune, à coups de j'aime, à coups de partage. Ce soir, c'est toi qui vas briller sur les réseaux.

Regardez-moi, regardez-moi, le temps file pendant que la vie des autres défile devant tes yeux. Depuis le temps, tu ne les connais plus trop bien, mais tu leur laisses quand même un commentaire ou deux, tu leur donnes ton avis de peur de ne plus faire partie de leur vie.

Ersatz de relation pour une génération en manque d'attention.

Au fond tu le sais bien, qu'en dehors de ta photo de profil, on s'en fout bien d'ta gueule, mais tu souris quand même, ça fera des likes, des swipes, des pouces, des cœurs. Tu t'en gaves pendant des heures pendant qu'les autres jalousent et s'en écœurent.

Et parce que tu n'as pas envie de redescendre dans l'algorithme, parce que selon toi, se faire oublier c'est déjà un peu mourir, tu fais ce qu'il faut. Tu fais le buzz, mais tu le fais bien : tu le fais bad.

Voilà, à coups de notifications, ta e-réputation est en pleine ascension, et ils scrollent, et ils scrollent sur ta fausse vie dans la lumière pâle de leurs écrans, pendant que la tienne de vie, la vraie, elle défile aussi et qu'les premières étoiles s'éteignent déjà au bout de la nuit.

Le prix des rêves

Paraît que c'est le prix des rêves,
Le revers de la médaille.
La rançon de la gloire.
Faut souffrir pour y arriver.
Faut aller vite pour la gagner.

Surfer la vague pendant qu'elle est haute.
Se lever tôt, plus tôt que les autres.
Bientôt, faudra se lever à 3h du matin, putain.

Ils te diront que le sacrifice en vaut la peine, mais
qu'isolé est le sommet,
Ils te rendront alors iconique, et tant pis si tu dois
finir névrotique.

T'auras du succès, ouais, l'ego satisfait, mais pour
un temps seulement, puis quand viendra la
descente, tu te demanderas si toutes ces années
sacrifiées,
Valaient bien ce quart d'heure de célébrité.

Pas le temps

L'alarme sonne et t'es déjà à la bourre, pas le temps de manger, de regarder tes notifs, de répondre aux messages, t'as un train à prendre, des dossiers à rendre, et faudrait sortir la tête du scaphandre parce que tu sais que tu vas l'entendre.

Le « T'as l'air fatigué », bah ouais, comme tout le monde, forcément qu'on va avoir la gueule de Jack Bauer à essayer de faire tenir une journée et demie sur 24h.

Pas le temps de pioncer, ce soir y'a soirée, y'a ciné, y'a bébé, peu importe mais quelque chose pour te tenir éveillé, pour essayer de rattraper les heures perdues de ta journée, mais pas trop quand même hein, parce qu'il est minuit passé et faudrait rentrer, demain t'as une grosse journée.

Comme hier et après-demain d'ailleurs, mais allez, pas le temps d'y penser, aujourd'hui est déjà passé et demain est déjà là, alors tu mets le réveil,

tu regardes une dernière fois tes appels manqués,
encore, et enfin, épuisé, tu t'endors.

Allez, encore un café et on y retourne ?

Bah non, on n'y retourne pas.
J'me barre, je ferme boutique. Marre de rester statique derrière l'écran, les chiffres, les colonnes, les lignes.
Et ce putain de téléphone qui sonne et qui sonne,
Et moi, le soir, c'est ma tête qui cogne et qui cogne.

Alors ciao les collègues, merci de m'avoir fait tenir jusqu'ici, ciao les pauses clopes à rallonge, le café dégueu de la machine, l'imprimante toujours en panne, le mépris de ceux au-dessus, le règlement quand ça les arrange, le cynisme des anciens, la naïveté des nouveaux.
Ciao les faux sourires et les vraies cernes.
Un jour, un mec a décidé que se lever à 7h était une bonne idée pour la productivité.

Enfoiré.

Ouais, j'sais bien que c'est pas la bonne décision pour mes finances, mais je commençais doucement à douter de l'utilité de mon existence.

Alors tant pis, je finirai sûrement sous les ponts sans un rond, mais c'est ça ou risquer de finir par m'y jeter pour de bon, de ces ponts

Donc merci pour le café, mais non, je ne vais pas y retourner.
J'ai une vie à retrouver.

Comme une envie de tout laisser

Derrière soi, dans un coin de tiroir,
Prendre le premier train, aller loin,
Rien emmener, s'abandonner.

Peut-être les pieds dans le sable,
Pour s'offrir de l'agréable.

Ou grimper des hautes montagnes,
Pour s'offrir de quoi voir.

Partir donc, sans un au revoir,
Juste vivre, alors, sans s'en vouloir.

3h27

À calculer les heures et les minutes avant le réveil, il le sait qu'aujourd'hui encore, il aura bien du mal à l'gagner son oseille, comme demain et comme la veille.
C'est toutes les nuits pareilles.

Des heures dans l'obscurité à s'agiter, les yeux fermés mais l'esprit bien éveillé, à passer en revue les cauchemars de la journée, alors que lui, ne demande qu'à rêver.
Mais pour ça, il n'y a plus le temps, et ça l'angoisse et ça le tend, et ce sont des minutes de plus qui filent dans la nuit sans l'attendre.

Cerné par la fatigue, ses nuits fauchées par le soleil,
Il vit sa vie à crédit à force d'accumuler les dettes de sommeil.

La nuit s'était levée

On s'était bien trop enfoncés pour pouvoir reculer.

On marchait maintenant sur un chemin de terre, pas bien droit, plus certains du tout qu'il y avait une fin heureuse à tout ça. En regardant autour de nous, on s'aperçut qu'on était les derniers de l'humanité, plus rien qui respirait, même les étoiles s'étaient barrées.

On avait dû se planter d'itinéraire, on avait dû tourner au mauvais moment, on avait dû dire oui au lieu de non. Enfin, peu importait maintenant, il nous restait juste assez de souffle pour profiter de nos derniers instants.

Certains s'attendaient au repos d'un paradis fantasmé, d'autres à revoir la lumière sur un nouveau chemin d'espérance, mais à l'ombre de nos vies, on se dirigeait bien vers le néant.

Nos pertes et nos malheurs, nos joies et nos victoires, tout ça était derrière nous, comme une musique apaisante que l'on pouvait entendre dans le fond de nos pensées, un rappel qu'avant la nuit, nous avions vécu les grands jours.

Ils disparurent l'un après l'autre, nos compagnons de cette marche funèbre, et bientôt nous aussi, on allait se fondre à la noirceur du décor, se fondre dans la peur des Hommes ou bien dans leur délivrance.

Et bientôt nous aussi, on allait devenir de simples murmures de notre propre existence.

Avant que tu ne partes

J'aimerais encore profiter de ce moment avec toi,
En sachant que c'est la dernière fois.
On retient tout, quand on le sait, qu'on ne se
reverra plus jamais.
On se souvient de chaque mot, de chaque larme,
de ces sourires qui s'effacent.
On se souvient de ces rires, qui résonnent, dans le
silence d'après qui s'installe.

Avant que tu ne partes,
J'aimerais te dire que je t'ai aimé, que tu me
manques déjà,
J'aimerais te dire que je vais essayer, que c'est
grâce à toi,
J'aimerais te dire que je suis désolé, de ne pas avoir
fait plus que ça pour toi,
Et j'aimerais te remercier, pour une toute dernière
fois, de m'avoir accompagné jusque-là.

Le monde continue de tourner

Pendant que le tien s'est arrêté.

« Désolé ». Tu vas l'entendre beaucoup, celui-là.

Désolé de quoi ? On n'y peut rien, c'est comme ça.

C'est la vie, enfin, c'est l'inverse. Voilà.

Mais toi tu vis encore, alors on essaie de te changer les idées, de te dire que ça va aller, ça va passer. C'est vrai, tu le sais, mais pour l'instant, t'as surtout le cœur déchiré, tu te sens dérobé, de quelque chose, de quelqu'un, de ces moments que tu aurais pu encore avoir, de cette personne que tu ne pourras plus voir.

Et putain, demain va falloir retourner bosser, et franchement, là, tu vois pas l'intérêt.

En attendant, tu ressasses les souvenirs et ces mots que vous auriez pu vous dire. T'es pas croyant normalement mais là, du coup, tu commences à croire au paradis, puis même aux fantômes, un peu seulement.

Parce que ça fait moins mal de se dire que tu peux toujours lui parler, et que quelque part, tes mots trouveront toujours destinataire, malgré la logique et ce genre de choses.

Alors oui, le monde continue de tourner, et au bout d'un moment va falloir à nouveau rentrer dans la danse. Mais pour l'instant, prends le temps quand même d'accueillir les « désolés » de ces gens qui t'entourent, c'est important.

Parce que c'est grâce à eux que ton monde se remettra en mouvement.

Faire semblant

Assez pour y croire soi-même, pour ne pas
inquiéter ceux qui nous aiment,
Assez pour tenir, encore une journée, à se mentir,
à sourire,
Assez pour ne pas être viré, rejeté, délaissé,
désaimé.
Parce que même si tout le monde le fait, et si le
monde le sait, il ne faut surtout pas le montrer.

Faire semblant de ne pas comprendre, de ne pas
voir les ouragans qui nous font vaciller.
Continuer à naviguer en eaux troubles, malgré le
mauvais temps.
Pour éviter à tout prix de finir naufragé, seul avec
nos évidences.

Non

Je n'ai plus la force pour ça,

D'écrire ma peine,

De pleurer ma rage,

D'espérer encore pouvoir me barrer de là.

Non, enlève ton bras de moi,

Ne me chante pas la même rengaine,

Pour ça, j'ai plus vraiment l'âge.

Et d'ailleurs pour me raconter quoi ?

Qu'on va réussir, hein ?

Qu'on va leur montrer,

À tous ces enfoirés ?

Qu'on abattra tous les souverains !

Pour la violence sur nos frères !

Et cette putain de société,

Qui nous prend par le cou,

Et nous fout tous à terre !

Faut croire que pour elle on est nés,

Seulement pour être mis sous les verrous...

Non,

J'en ai marre de cette foutue guerre,
D'me battre contre ces putains de symboles,
Tout un pays à refaire,
Mais en attendant, c'est rien que nos morts,
Sous leurs putains de balles,
Et leurs beaux discours.
Tu comprends, faudrait quand même,
Se faire élire au prochain tour.

Non,
Continue le combat sans moi, mon frère,
Et toi, mon amour, montre leur ta force,
Sortez-vous de cette misère,
Et battez-vous en bombant le torse.

Non,
Ne faites pas cette tête,
Et gardez espoir,
Si aujourd'hui sonne ma défaite,
Demain sera votre victoire.

C'est la tête sous l'eau

Les pieds dans la vase, c'est le cœur en cage et le sourire placebo.
C'est l'impossibilité de voir la lumière au bout du tunnel, parce que demain il fera noir tout pareil.
C'est le manège de nos sentiments, qui tourne et qui tourne et ne s'arrête jamais.
C'est le manque de direction, de passion, c'est le trop tard, le pas assez bien,
Le à quoi bon.

C'est la boîte de Pandore, le chat de Schrödinger,
Parce que tant qu'on n'ouvre pas la boîte, on peut encore se mentir à soi-même.
C'est cet invisible pour les autres, ces « ça va » qui dissimulent des « absolument pas ».
C'est toutes ces larmes qui ne coulent que dans l'obscurité,
C'est toutes ces pensées qui nous coulent dans l'insécurité.

C'est nos peurs, nos traumas, nos peines, nos
erreurs,
C'est le cœur dans le coma, notre système en
stupeur.
C'est le tout, c'est le rien,
C'est le flou, c'est le vain.

C'est tout ça.

En attendant les beaux jours

On apprend à apprécier la pluie qui nous martèle le visage, on écoute l'orage en se disant que ça va passer, on espère sans trop de dégâts. Demain, il fera beau, on le sait, demain, on sortira enfin, s'élancer.

En attendant le Grand Soir.

On refait le monde autour d'une bière ou d'un café, on sait bien que ce n'est pas demain la veille qu'ça va changer, mais on garde espoir, et on partage nos rêves d'un monde idéalisé.

En attendant l'Amour.

On se dit que c'est pas plus mal d'être seul, on dort en diagonale et on se réapproprie notre intérieur. On médite sur nos dernières erreurs, on cicatrise les plaies, on console le cœur, et on réapprend à s'aimer.

En attendant la Fin.

On meuble, on profite, on gueule, on s'agite.
On essaie d'y trouver un sens, de trouver un écho
chez les autres.
On s'aime, on s'inspire, on cherche à se maintenir,
On s'envole au vent, avant l'inévitable expiration.

Et tu attends, et tu attends

Qu'elle te rappelle, que ça aille mieux, peut-être le soleil. T'attends un signe, un sens, la ligne à suivre, tu lèves les yeux au ciel, mais tu n'y vois que l'orage et le poids de tes croyances.

T'attends et ça te tend, cet immobilisme dans ce temps qui file, ce vide en toi dans cet espace que tu devrais remplir.

T'attends la nuit pour ne plus y penser, parce que toute cette attente te hante, et il n'y a bien que ton sommeil pour t'en délivrer.

Puis un matin tu n'en peux plus, t'en as marre, bordel, t'en as marre d'attendre que le monde vienne à toi, alors tu te lèves, tu frappes, tu cours, tu danses, tu chantes, tu rugis, tu vis, bordel, TU VIS !

Tu vois enfin la voie, tu vis tes envies, tu réalises tous tes vœux et tu veux que tous réalisent que t'es allé au bout de tes attentes, que t'as percé, que tu nous illumines de ton succès de là où t'es, que désormais, c'est bien aux autres de t'attendre pour t'atteindre.

Et après ? Quand tu n'as plus de cases à cocher, de prix Nobel à gagner, d'enfants à caser pour perpétuer la lignée, quand tu n'as plus rien d'autre que quelques êtres aimés pour t'entourer,
Qu'est-ce qu'il te reste à attendre ?

On te pose la question à chaque repas

À chaque retrouvaille. T'as beau leur dire que t'es bien toute seule, que t'en veux pas, que tu préfères chiller devant Netflix, avec eux c'est toujours le même disque. Oui, t'es encore jeune mais non, tu n'changeras pas d'avis. Oui, tu n'as pas encore trouvé le bon, mais non, même avec lui, il ne sera pas question de réarmer démographiquement le pays.

Ta vie, c'est un boulot où tu te sens bien, des sorties entre amis, des nuits sans lendemain, et le week-end, des réveils à midi. Pas de place pour d'autres vies, pas besoin, pas envie. Merci.

À chaque retrouvaille. T'as beau leur dire que t'es

Il est encore tôt

Pour y réfléchir sérieusement,
Mais autour de toi, des choix, des engagements.
Des avenirs se construisent en commun,
Et tu te demandes si toi, tu n'as pas pris le mauvais
chemin.

Alors entre deux soirées, tu commences à faire les
comptes, à faire l'bilan,
Trop d'années à faire le con, à glander sur l'divan.
Aujourd'hui, tu le sais, tu ne vas pas changer le
cours du temps,
Mais demain, qui sait, peut-être la rencontre qui
te mettra en mouvement.

- Et toi ? Tu en veux ?

Des gamins, j'veux dire, les nôtres, enfin, « les »,
un c'est déjà bien, et pas forcément tout de suite
hein, on a le temps, on profite, puis j'crois que
moi, j'suis pas prêt, à être père, à perdre ce qu'on
a là, à ne plus pouvoir partir sur un coup de tête,
puis ça a un coût, puis ça prend du temps, et peut-
être qu'on ne s'aimera plus, qu'on terminera
comme eux, là, à ne plus se voir, à ne plus se
parler, et imagine s'il ne nous aime pas, si c'est la
guerre au quotidien, imagine si la société ne
change pas et qu'il finit malheureux… Enfin, j'sais
pas, t'en penses quoi, toi ?

- Oui, j'en veux deux.

Quand on est petit

On rêve d'aller dans l'espace, puis on grandit, et on essaye principalement de rester à la surface.

On a troqué notre liberté contre un peu d'expérience. On sait où mettre les pieds, mais on s'enferme dans nos croyances.

Nos rêves d'adultes se résument à pouvoir payer le loyer, les factures, et la bouffe pour bébé.

Alors on n'essaie plus de viser la Lune, parce qu'il s'agit de rester concentré, et surtout de ne pas tomber.

Parce que sans nos ailes, désormais, on a bien du mal à se relever.

Tu comprendras quand tu seras plus grande

Ou peut-être pas, peut-être qu'on fait tous semblant de comprendre, parce qu'il n'y a pas de certificat pour être adulte, que des constats un peu abrupts, que des combats qui nous acculent.

Regarde, à ton âge, on a le sourire facile. Bizarrement, nous les grands, on a surtout le sourire factice. On ne comprend même plus comment ça marche, les plaisirs simples, les petits bonheurs, on en fait même des thérapies pour essayer de la retrouver, notre bonne humeur.

Finalement, l'essentiel dans la vie, on le comprend peut-être mieux quand on est petit.

Laisse-les te dépasser

Ils finiront tôt ou tard par s'essouffler,
Puis l'essentiel n'est pas d'finir premier,
Simplement d'essayer d'avancer.

Prends le temps de regarder où tu vas, d'aider ceux qui tombent à côté de toi,
Et si tu te retrouves dans une impasse, c'est pas grave, fais marche arrière et recommence.
Trouver son chemin du premier coup n'a pas vraiment d'importance.

Préserve ton souffle, la route est longue, se jeter corps et âme dans la bataille, c'est risquer de perdre la guerre.
Il s'agit de tenir sur la longueur, préserve ton cœur,
C'est ton moteur premier pour persévérer malgré la douleur.

La ligne d'arrivée n'est plus très loin, peut-être dans quelques années, j'en sais rien.

On prendra le temps qu'il faudra, à se nourrir d'espoir là où il y en a.

Mais on verra le bout le chemin, crois-moi.

68

Ouais ouais je la vois bien

Ta lumière au bout du tunnel, mais moi j'y suis bien, dans mon obscurité éternelle…
Ici pas de pudeur, je peux traîner ma laideur sans me soucier des projecteurs. Puis dans l'ombre, j'm'en fous de faire des erreurs, puisqu'il n'y a jamais de spectateurs. Avec moi il n'y a que mes démons et avec eux j'passe mes heures à jouer de mes horreurs. Donc vas-y dans ta lueur, mais moi j'reste là.
Le noir ne m'fait pas peur.

Ouais okay, rejoins-moi quand t'auras fait le tour de ton ego, moi j'y go et j'regarderai pas dans le rétro pour quelqu'un qui passe son temps à écouter son propre écho.
Là-bas il y a de l'espoir. Un nouveau départ et, avec de la chance, peut-être un peu de gloire. Oui, il faudra affronter les regards, pour écrire notre propre histoire, mais c'est mieux que de rester dans le noir. Là-bas au moins, il y a un phare pour guider notre trajectoire.

Alors vas-y marre-toi, mais vivre comme un
cafard moi j'en ai marre, donc ciao, j'me barre.
Au soleil, j'vais aller chercher mes victoires.

34 ans ce matin

La nuit a été longue et tu te réveilles avec une gueule de bois. Peut-être une overdose de temps perdu, un optimisme révolu.

Ta jeunesse à l'agonie, tu comprends maintenant que le temps défile sans ta présence, tu vois nettement mieux les fils de ton existence.

À la lumière, tu vois aussi les amitiés qu'les années n'ont pas bousillées, les leçons de tes relations passées et ces projets ensevelis sous la routine et ces lendemains sous morphine.

Alors tu te lèves et tu souffles sur la poussière de tes expériences pour enfin les ranger dans la valise de ta conscience.

Devant toi, un chemin d'espérance, éclairé par de nouvelles évidences.

Au matin de ta vie, il est 8h, la journée commence.

Il est temps de rallumer la lumière

Parce que la nuit a trop duré, parce que si l'on attend trop longtemps le soleil, on risque d'accepter l'obscurité.

En nous, il est temps de chasser les ténèbres, dans nos têtes, nos démons, réparer dans nos cœurs, nos lésions.

Il est temps de se remettre en marche, parce que la route est encore longue, parce qu'il faut changer de paysage pour essayer de trouver son monde.

Il est temps d'écouter nos désirs, si souvent entravés par nos impossibles invisibles, par les frontières de nos esprits.

Il est temps de remettre de la couleur, de la nuance à nos pensées, pour essayer de déconstruire nos peurs, laisser la souffrance au passé.

Se trouver, s'écouter, se lancer, s'élever,

S'extasier, s'exprimer, s'exercer, s'exaucer.

Parce qu'il est temps.

Je ferme boutique ouais

J'ai plus rien à afficher en vitrine, j'ai plus rien d'autre que quelques mots pas bien neufs pour un tout dernier coup de bluff.

« Ça va aller, ça va aller ». Voilà, moi j'ai plus qu'ça à vous offrir, j'ai plus rien d'autre à vous dire, j'ai même plus de quoi vous faire sourire. C'est pas mes rimes qui vont changer le monde, c'est pas mes jolies phrases qui vont sublimer l'immonde.

Oui j'sais bien que ça ne vous fait plus rien. « Ça va aller, ça va aller ». Vous l'avez goûté à toutes les sauces, même ça, je ne peux plus vous le faire avaler.

Quoi ? Qu'est-ce que vous voulez que je vous dise d'autre hein ? Que tout va bien, le soleil brille, les oiseaux cuicuissent ?
J'suis désolé, j'vais pas descendre toute la bouteille pour déconner avec la chimie d'mon cerveau, j'vais pas jouer au chef d'orchestre à essayer de faire sonner juste notre concerto.

Donc tenez, j'vous donne les clés d'la boutique puis mes derniers pipeaux. Et si comme moi vous n'avez plus assez de souffle pour en jouer, trinquez un coup et dites-leur simplement que ça va aller et que demain peut-être, il fera beau et que les oiseaux cuicuisseront de nouveau.

MOT DE LA FIN et REMERCIEMENTS

Merci beaucoup de m'avoir lu.

Certains textes ont quelques années, d'autres quelques semaines. Entre les deux, pour moi comme pour beaucoup, il y eut des déceptions, des ruptures, des deuils, des problèmes de santé, des confinements, des dépressions, le tout sur fond d'époque anxiogène. Mais il y eut quelques victoires aussi, et de l'espoir.

Et tout ça, j'avais envie de le représenter comme un recueil de textes courts, avec des hauts et des bas, des mots et des combats.

J'espère qu'à travers ces mots, j'ai pu alléger à ma manière, ne serait-ce que de quelques grammes, votre fardeau.

Je vous souhaite beaucoup de courage pour arriver au bout de vos combats.

Merci à mon frère, Aurélien Dumez, pour nos projets communs textes/photos et pour m'avoir inspiré une grande partie de ces textes. Merci à ma

mère d'être ma plus grande fan, je sais la chance
que j'ai d'avoir ça, merci au reste de la famille de
croire en moi, merci à mes amis d'être de bien
meilleurs amis que je ne le suis.
Et merci à toutes ces personnes rencontrées sur les
réseaux qui m'ont poussé à écrire ce recueil.
Merci, merci, merci.